BODA Y PRENDAS DE LA NOVIA PELEÑA Y SU REPRESENTACIÓN FOLKLÓRICA

BODA Y PRENDAS DE LA NOVIA PELEÑA

y su representación folklórica

CARIDAD JIMÉNEZ PARRALEJO

Partituras musicales: Dra. Dª Carmen Colomo
Narración del Mayo Peleño: Dª Pilar Cano Corvillo

ISBN: 9798783401268
ISBN-13: 9781234567890
ISBN-10: 1477123456

Diseño de la portada: Caridad Jiménez Parralejo
Investigación documental: Caridad Jiménez Parralejo
Número de control de la Biblioteca del Congreso:
2018675309 de los Estados Unidos de América

A TODAS LAS NOVIAS QUE HAN SIDO Y SERÁN.

Porque te miro y me río
piensas que yo a ti te quiero
porque te miro y me río,
y es gracia que Dios me ha 'dao'
tonto y no lo has 'comprendío'.

LETRA FOLKLÓRICA, TRADICIÓN ORAL PELEÑA.

CONTENIDO

PRÓLOGO

El presente trabajo tiene la finalidad de ampliar el conocimiento y difusión del acervo folklórico de Navalvillar de Pela (en adelante Pela), un pueblo en la falda de la Sierra de Pela, de la provincia de Badajoz, antaño de la comarca de la Siberia extremeña que, en el año 2018, según Acta de constitución, ha cumplido sus 600 años de independencia de la villa de Trujillo.

Es un homenaje a esta tierra extremeña por parte de la autora, Caridad Jiménez Parralejo, en sus usos y costumbres transmitidas oralmente como parte de su tradición folklórica que, poco y mal, se conservó oficialmente, tal y como se recoge ecuménicamente en el Cancionero de Bonifacio Gil García (1898-1964) y, como ya indicara en una noticia de prensa el grupo musical peleño "Medio Celemín", se piensa que este fondo está falto de su acervo más irreverente. Sin embargo, sirvan estas palabras de agradecimiento a la labor realizada por Bonifacio Gil, y a todos los que ayudaron en su confección, porque han sido preocupación y acicate para el presente trabajo. Muy especialmente a la ejemplar Isabel Gallardo, nacida en el seno de una familia de Orellanita, población justo al otro lado de la Sierra de Pela, por su buena labor para recoger y conservar el folklore extremeño y portugués. Lamentablemente, solo se obtuvo sobre este tema de bodas una pequeña referencia narrada localizada en Garrovillas de Alconétar (Cáceres).

La inquietud artística de la autora, integrante desde sus inicios del **Grupo de coros y danzas El Pelindongo** hasta su marcha a Badajoz por motivos de estudios, propició la ayuda de los profesores expertos en la materia y así, el trabajo sobre el *Mayo Peleño* arroja la información de que no encaja en lo que es considerado como epitalamio *Dize la nuestra novia* tras su estudio, pero sí, en el desarrollo y celebración del rito matrimonial de una novia peleña como la pieza perdida del puzle de su tradición.

Una tradición oral única en la familia de la autora, correspondiente a un canto descriptivo de novia, denominado en otras partes de España como Retrato que, con la ayuda de su prima Pilar Cano Corvillo, intenta aclarar la letra de este, llevada por la búsqueda sobre la tradición de bodas en Pela o bodas peleñas.

La celebración de la boda contenida en la parte primera de este libro está basada en un trabajo literario remitido en 2019 por la autora, Caridad Jiménez Parralejo, a la Federación Extremeña de Folklore de la que es socia de su revista **Saber Popular**, publicándose en el número 40 de 2021 bajo el título de *Boda y prendas de la novia peleña*, que se incorpora ahora para dar hechuras a la parte teatral folklórica o de coreografía escénica, con la única pretensión de recuperar lo que la modernidad borra de la memoria popular.

No se sabe en qué año comienzan las novias extremeñas a vestirse de blanco para su ceremonia, así como a celebrarse los banquetes fuera de los hogares, pero hasta entonces, era frecuente reunir en casa del novio a más comensales de los habituales y ello conllevaba algún que otro quebradero de cabeza para no tener que comer en varias tandas o rondas. Era normal que se prestaran para el banquete entre los familiares y vecinos los utensilios de mesa y mantel, las vajillas, cuberterías, cristalerías, un sinfín de azafates, cucharones, sartenes, pucheros, sillas y demás elementos, a fin de cubrir las necesidades del festín.

Tomemos como posible ejemplo de boda peleña tradicional la que llevaron a cabo los contrayentes José Parralejo Pastor y María Luisa Giménez Masa, celebrada en 1934, poco antes de la Guerra civil española, en la que, además del padrino y de la madrina, estaban los niños que portaban las arras y alianzas, Manuel Jiménez Méndez, hermano de la novia, y María Parralejo Gallardo, sobrina del novio (casualmente, son los padres de la autora). Solo añadir: ¡Qué vivan los novios!

El ser humano es el único animal en la naturaleza terrenal que realiza ritos escenificando la ceremonia del matrimonio, entendido como una unión de dos personas y su celebración con gozo, alegría y fiesta en multitud.

En su escenificación intervienen más actores y una serie de prendas exclusivas para esta actividad que, conlleva un prendar, unas prendas, un ritual, un tiempo de fiesta al modo y manera tradicional que heredan las familias.

Grosso modo, esta introducción gira sobre sus tradiciones. La más antigua de la que se tiene conocimiento ha llegado hasta nuestro días recogida en una tablilla del año 4.000 a.C., corresponde a la cultura de Mesopotamia, informando con ella del pacto entre un varón y una mujer, definiendo los derechos y deberes de ella, el dinero que obtendría si fuese rechaza y el castigo que le daría el esposo en caso de serle infiel. Nada más aparece, no nos indica el modo de llevarlo a cabo, sin embargo, sí tenemos constancia de cómo se realizaba el matrimonio en Babilonia...

El **matrimonio babilónico** era un vínculo jurídico suscrito entre dos familias a través de la unión legal de dos de sus miembros, acordado cuando los contrayentes eran niños mediante el acto denominado *Terhatum* en el que la familia del novio entregaba a la familia de la novia un presente y, esta, al alcanzar la edad adecuada para el enlace, pasaba a vivir a casa de los padres de su futuro marido donde se celebraba la boda. El enlace duraba varios días, a veces, la cabeza de los novios eran rociadas con perfumes mientras recibían joyas. Después, los familiares del novio entregaban regalos a la esposa y ofrecían viandas a los invitados. La familia de la novia estaba obligada a entregar una dote para que la aportase a su futura familia. La ceremonia matrimonial era la entrega de la mujer (*khirtum*, "primera esposa") a su marido (*mutum*), y la novia era cubierta por el novio con un velo mientras pronunciaba ante los testigos la frase: "Se tú mi esposa y yo seré tu esposo". Pero la verdadera legalidad de la unión la daba un contrato oral o escrito con las especificaciones de las obligaciones y derechos de ambos cónyuges.

La boda en la **cultura griega** tenía un aspecto religioso al referenciar a la protectora de las mujeres casadas, la diosa Hera, pero sin oficiarse con sacerdotes, pues tenía la finalidad de seguir la tradición familiar y continuidad del linaje, es decir, tener hijos y así los muertos en el inframundo estaban felices. Había prendas, el padre de la novia recibía del novio regalos llamados *Hedna* y *Melia*, con los que sellaban la alianza entre las familias llevándose a su esposa a su casa. El ritual ceremonial consistía en celebrarlo durante tres días, comprendiendo la *Praília*, día antes de la boda en la que la novia hacía rituales y ofrendas en la casa de su padre. La *Gámoi*, era el día de la boda, aún en la casa del padre de la novia con la celebración de un banquete y, los novios, celebraban después su noche de bodas. La *Epailía*, era el día después de la boda con la ofrenda de regalos y los varones comían juntos en la casa del padre del novio.

Con la llegada del **Imperio Romano** y su Derecho, las bodas tienen una serie de requisitos tales como la capacidad jurídica matrimonial, la edad legal, y el consentimiento; pero había un detalle muy importante, solo se podían casar los ciudadanos romanos. Así pues, los matrimonios legítimos eran, el *Confarreatio*, consistente en un acto solemne en el que el novio juraba amar a su esposa dando una vuelta al altar y tomando un poco de sal y pan; el *Coemptio*, consistente en que el novio pagaba al padre de la novia una moneda de plata y una de bronce y así se formalizaba la unión; y el *Usus*, que tenía dos connotaciones, para unirse bastaba con que la novia conviviera un año con el novio y, para desunirse, bastaba con que la novia durmiese tres noches fuera de casa. También, había otro tipo de uniones, las no legítimas, como la *Concubinatus* que afectaba a las personas libres que no podían casarse por ser extranjeros o soldados antes de los 25 años de servicio; en una palabra, los que no fuesen ciudadanos romanos y, la más terrible, la llamada *Contubernium*, realizada por dos esclavos o entre un libre y un esclavo con el consentimiento de su amo, aunque, este último podía disolverlo en cuanto le diera la gana.

El matrimonio en el **mundo inca** no estaba dotado de un especial sentido religioso o ceremonial, era el inicio o consolidación de la vida en común, ya que podían haber cohabitado antes, llamada esta práctica como *Servinacuy*. El matrimonio se celebraba con las jóvenes de entre dieciocho y veinticinco años que no habían sido escogidas por los funcionarios del Inca para servicio de los dioses o del gobernante. En general, los matrimonios se producían en el seno del *ayllu*, y la nueva pareja recibía una parcela de tierra de la comunidad. En algunas ocasiones la mujer abandonaba su *ayllu* para contraer matrimonio con un hombre de fuera.

En el caso de los **aztecas**, la petición se realizaba por medio de unas mujeres casamenteras que iban a casa de los parientes de la muchacha. Se utilizaban fórmulas y argumentaciones tanto en la proposición como en su respuesta para dar solemnidad o retórica a la entrega de la novia. Si se aceptaba la propuesta de matrimonio se fijaba el día de la boda elegido siguiendo los signos afortunados. El día de la boda, la novia era acompañada por sus parientes hasta la casa de algún familiar del novio para celebrar el banquete donde tomaban cacao mientras la novia era bañada y aderezada y, al calor del fuego, recibía pláticas de comportamiento hacia la familia del novio. Al anochecer, la muchacha era llevada a la casa del esposo a la espalda de otra mujer, en el recorrido se alumbraban con antorchas y realizaban oraciones a los dioses y exhortaciones a la novia. La madre del novio entregaba una pieza de ropa a la novia y el padre de la novia otra al novio. Después, las sacerdotisas (*titici*) ataban las ropas de los novios, lo que simbolizaba el vínculo entre ambos.

El matrimonio en el **mundo islámico** tenía unas connotaciones más de tipo civil que religioso, pues las uniones no eran objeto en el Corán de ninguna fórmula solemne ni significado religioso, por lo que el matrimonio era un contrato de compraventa o acuerdo en el que la mujer recibía una dote (*mahr*) y el derecho a ser mantenida a cambio de entregarse al marido. Para que fuera válido tenía que recoger que ambos cónyuges ostentaban capacidad jurídica, estando la mujer representada por su padre o tutor; otorgaban ambos (o tutor de ella) el consentimiento; el futuro marido debía abonar la dote en metálico o en especie y al menos de forma parcial. Los matrimonios solían estar concertados por las familias (elegido por el padre de la novia). El primer paso era la petición formal o *Hitbah*; meses o años más tarde se formalizaba el contrato matrimonial o *Aqdu l-nikah* por escrito y ante un notario (*mumlik*) nombrado por el cadí. En la ceremonia, con dos testigos varones o cuatro si eran mujeres, generalmente el representante de la novia dirigía a los concurrentes una alocución de corte religioso y, luego, los novios recitaban la *Fatihah* y se consideraba formalmente unida la pareja.

Las bodas en la **India** comenzaban días antes de la ceremonia, con la tradición *Mehandi Rat* en la que los amigos y familiares realizaban los diseños de henna en los brazos y manos de la futura esposa. Este ritual podía durar días, dependiendo de la cantidad de invitadas y la complejidad del diseño. Se creía que los dibujos prevenían el mal de ojo y disuadían a los espíritus malignos, liberando a las mujeres de innumerables enfermedades. Los novios debían bañarse en madera de sándalo, cantando mantras que ayudaban en la purificación de los cuerpos para la boda. Cuando terminaban se producía la *Baraat*, que era la procesión del novio con su familia y amigos sobre elefantes hasta el lugar de la ceremonia, donde, en un momento de la fiesta, se cogían de la mano los novios para dar siete vueltas seguidas alrededor del fuego sagrado mientras recitaban sus juramentos, se llamaba *Saptapad* y eran siete vueltas por la tierra, el sol, la luna y los cuatro planetas visibles. La novia vestía muchos vestidos de colores brillantes y el novio llevaba joyas, turbante y una espada para defensa del honor.

La ceremonia del **matrimonio judío** era un complejo proceso de acciones y rituales consecutivos que se prolongaban durante siete días. Se hacían los esponsales (promesa de matrimonio) cuando la novia apenas había llegado a la pubertad y, desde entonces y hasta la boda (a veces dos o tres años después), se hacía el ajuar. Comenzaba la boda con anterioridad al día del matrimonio, con una serie de ritos de purificación, entre ellos un ayuno que debían observar el novio y la novia unos días antes. Otro acto de purificación era el baño ritual que tomaba la novia antes de la ceremonia nupcial; la *halajá* (normativa rabínica) establecía que la boda sólo podía celebrarse si habían pasado por lo menos siete días desde la última menstruación. El *saftarray* o sábado anterior a la boda, era la fiesta de despedida y de reflexión, en la cual los novios debían plantearse si debían casarse o no. El domingo siguiente era la exhibición del ajuar formado por prendas de indumentaria y del hogar, así como joyas, realizado por la novia. Con posterioridad a la exhibición del ajuar, el novio enviaba a la novia productos para el baño (*micvé*) y alguna joya o un puñado de monedas. El día previo a la boda (*n'har es-sbu'a* o día del juramento) era un día especial porque se producían dos actividades claves: durante el día, la escritura y firma del contrato matrimonial (*Ketubah*: que es el documento que certifica la unión y que la pareja debía conservar porque recoge las condiciones del matrimonio, la dote...), y en la velada de novia o despedida de soltera en la cual la futura novia vestía el suntuoso traje de bodas tradicional (llamado traje de paños o traje de berberisca regalo de su padre) conocido con el nombre de *Keswa Kbira*, *Keswa Kebira* o *Keswa el k-bira* en árabe, el Traje de Paños o de Berberisca es un conjunto de prendas ricamente confeccionado en terciopelo de seda bordado en oro, un complejo tocado y un conjunto de joyas, una indumentaria ricamente codificada para el paso del estatus de soltería al de mujer casada. La novia reunía en su casa a sus amigas y parientes femeninas en una fiesta de mujeres en la que se cantaban cantos tradicionales y se comían alimentos (sobre todo, dulces), recibiendo el nombre de *Ceremonia de henna*, parece provenir del uso de la henna para adornar las manos y los pies de la novia, y que está íntimamente relacionado con el ritual de la inmersión en la *mikveh* y por lo tanto con la fertilidad. El matrimonio se desarrollaba el miércoles (excepto en el caso de que la novia fuera viuda, que se esperaba al jueves), para que los preparativos no interfirieran en la celebración del *Sabath*. Los matrimonios se celebraban en los meses de *adar* (febrero-marzo) y *nissan* (marzo-abril) siempre que no coincidan con períodos festivos. La mañana de la boda se arreglaba a la novia en su casa y se la llevaba en procesión, con cantos y bailes hasta la casa del novio en la que había de tener lugar la ceremonia. Por eso algunos cantos de bodas aludían al proceso del arreglo de la novia. La boda propiamente dicha comenzaba cuando la novia acudía al lugar en el que se celebraba el matrimonio, donde el novio la esperaba. No se precisaba la sinagoga sino una *hupá* o tálamo. El encargado de bendecir la unión era un rabino, quien recitaba un *quidúsh* o bendición sobre una copa de vino, que daba de beber a ambos contrayentes. A continuación, se realizaba la entrega del anillo: el novio le colocaba a la novia un anillo de oro pronunciando unas palabras hebreas que significan "he aquí que tú estás consagrada a mí por este anillo". Se leía en arameo el texto de la *ketubá* y, después, el rabino recitaba una serie de bendiciones (*sheba berajot* o siete bendiciones) ante los contrayentes. Por último, se colocaba en el suelo una copa envuelta en un pañuelo que el novio rompía pisándola con el pie. Tras la ceremonia se celebraban siete días de júbilo y de abstinencia con festejos como como el Sábado del tálamo y el Día del pescado.

Si los ritos de bodas y prendas hasta este momento no impedían expresamente la poligamia, lo hará la **cultura cristiana** con el Concilio de Letrán, en 1215, por el que el matrimonio se hace todo un sacramento para la Iglesia y, con el Concilio de Trento se anula el matrimonio por rapto. Será posible el divorcio cuando Enrique VIII lo establece para sí mismo siguiendo la nueva corriente de **cultura protestante**, la cual anula el celibato y confía el registro matrimonial al Estado. El gran cambio en la cultura de las bodas y el intercambio de prendas, lo daría la Revolución Industrial del siglo XVIII al emerger socialmente una clase media que vendría a ser la plebe romana que practicaba el *Coemptio*. En el siglo XIX aparece otro movimiento aún más exultante, el Romanticismo, que pone al amor como centro principal del matrimonio eliminándose los de conveniencia, aunque prevalecen en la aristocracia y realeza. En la cultura protestante las fugas de las parejas a Escocia serán muy recurridas ya que, por ley, la mujer al casarse perdía toda posesión y la dote era en moneda corriente fácil para gastarse. En la España de 1875 aparecía el matrimonio civil gracias a la Ilustración. Con ayuda del psicoanalista Sigmund Freud se desacreditaba en las sociedades avanzadas el amor por interés, aunque, no estaba todo visto en la celebración de las bodas, pues llegaba la cultura revolucionaria en el siglo XX con la reivindicación y consecución de los derechos de la mujer, provocando que las bodas y sus prendas quedaran en el ámbito privado de las familias, perdiendo fuerza la religión y ganando terreno el sexo, los anticonceptivos y, por supuesto, los divorcios.

La globalización del siglo XXI está lanzando, a velocidad de vértigo, la idea de que el matrimonio no tiene como fin el perpetuar la especie, sino que es un derecho de libre elección, al igual que la legalización de los matrimonios homosexuales y, como dato curioso, las ceremonias japonesas desde 2018 en las que se celebran uniones de seres humanos con hologramas, pero, solo obtienen un certificado de matrimonio sin base legal. Y, hoy en día, una boda es todo un ritual establecido como un gran evento que no se conforma con un librito de familia y unas fotos para el recuerdo...

BODA Y PRENDAS DE LA NOVIA PELEÑA

LAS PRENDAS DE LA NOVIA PELEÑA

Partamos de una tradición oral única en la familia de la autora, Caridad Jiménez, correspondiente a un canto descriptivo de novia denominado Retrato en otras partes de España. Con la ayuda de su prima Pilar Cano Corvillo intentará aclarar la letra del aquí denominado *Mayo Peleño*, lo que la lleva a realizar la búsqueda documental sobre la tradición de bodas en Navalvillar de Pela en internet en diversas bases de datos oficiales como el CSIF. Lamentablemente, solo obtuvo una pequeña referencia narrada por Bonifacio Gil en su Cancionero, pero localizado en Garrovillas de Alconétar (Cáceres).

La inquietud artística de la autora, integrante desde sus inicios del Grupo de coros y danzas *El Pelindongo*[3] hasta su marcha a Badajoz por motivos de estudios, propició la petición de ayuda de los profesores expertos en la materia y, así, tras el estudio[4] de su letra, se arroja la información de que no encaja este *Mayo Peleño* en lo que es considerado como epitalamio[5] *Dize la nuestra novia,* pero sí en el desarrollo y celebración de la boda y prendas de una novia peleña que demostraría que es una pieza musical perdida –¿ocultada?– del puzle tradicional de Navalvillar de Pela (en adelante Pela).

En este trabajo se desgranan varias canciones sí conocidas en la localidad que podían haber sido el repertorio completo de las antiguas celebraciones de boda, por lo que se incluye el *Mayo Peleño* y otra canción, *¡Vaya el novio a la alameda!*, el cual recuerda la autora habérsela oído cantar a su padre, Manuel Jiménez, cuando niña y que no ha vuelto a escuchar. Además, ambas se incorporan con sus partituras musicales gracias al trabajo de la Dra. Dª. Carmen Colomo, profesora de música de la Facultad de Educación de la Universidad de Extremadura.

En otro orden de cosas, no se sabe exactamente en qué año comienzan las novias extremeñas en su ceremonia nupcial a vestirse de blanco[6], así como a celebrarse los banquetes fuera de los hogares, pero, hasta entonces, era frecuente reunir en casa del novio a más comensales de los habituales. Esto conllevaba algún que otro quebradero de cabeza para no tener que comer en varias tandas o rondas, lo que hacía habitual que se prestaran entre los familiares y vecinos los utensilios de mesa y mantel, vajilla, cubertería, cristalería, y un sinfín de azafates, cucharones, sartenes, pucheros, sillas y demás elementos, a fin de cubrir las necesidades de la boda.

La boda peleña que se relata en este libro es la de José Gallardo Pastor con María Luisa Jiménez Masa, celebrada en 1934, y, en la que además del padrino (padre de la novia) y de la madrina (hermana del novio) estaban los niños que portaban las arras y las alianzas, Manuel Jiménez Méndez -hermano de la novia por parte de padre- y María Parralejo Gallardo -sobrina del novio- y, ambos dos, curiosamente son los padres de la autora.

*Boda de Juana Méndez Jiménez y Pedro Jiménez Moñino el 5 de enero de 1921. De izqda. a derecha las niñas: **Mª Luisa**, Rosa y Atanasia (hijas del primer matrimonio de Pedro con Juana Masa).*

El pretendiente, José, debe lanzar su porra o garrota dentro de la casa de la pretendida, María Luisa, con estas palabras:

– ¡Porra dentro! ¿Casa o no casa?

En estos momentos, si le respondían devolviendo la garrota es que no había boda, pero, si le contestaban: "¡Casa!", entonces sí. Era probable que en este tipo de actividad el novio estuviera acompañado de los amigos y que se cantara el satírico canto de *Un Calderero*, con estribillos líricos y romancístico perfectamente encuadrado en el <u>género de bombas</u> y que provenga este hecho de la ¡bomba va!

Las calabazas o nones, si se escuchaban, estarían recogidos en la canción: *¡Vaya el novio a la alameda!,* cuando cambia en el estribillo final a: *¡Vaya el tonto a la alameda!,* o en la siguiente estrofa de *La Rondeña de Pela,* que dice:

Porque te miro y me río, piensas que yo a ti te quiero, porque te miro y me río, y es gracia que Dios me ha dado, tonto y no lo has entendido...

También, podía darse el caso de que el varón fuera pretendido por varias mozas o viceversa, tal como el que viene de moler de varios molinos en la canción: *El Molinero.*

Con la entrada en casa de la novia el pretendiente pasaba a ser novio y tenía derecho a cortejarla tras la postura del sol, cuando se regresaba de los quehaceres del campo, normalmente, acompañado de amigos, de ahí que se establecieran algunas canciones que hablaban de la ronda, unas más serias y otras con segundas intenciones o burlescas.

Dos ejemplos tenemos en la canción *Un Calderero,* en su estrofa:

Un calderero me ronda, bomba va,

un calderero me ronda,

las tapias de mi corral, (...)

Y en *La Rondeña peleña:*

Rondeñas vienen cantando,

con ellas viene mi amor,

cada vez que oigo rondeñas,

se me alegra el corazón, (...)

Seguramente, se darían situaciones durante el noviazgo que no dependían de los novios, por ejemplo, cuando se producía la ausencia obligada de este por entrar en quinta –servicio militar obligatorio–, si no se libraba bien porque el mozo no se quisiera librar o porque no se tuviese el dinero que costaba el quedar exento. Se iba de soldado uno o más años, y ella tenía que guardar su ausencia que, durante algunos años, fue obligatorio participar en la Sección Femenina en algunos pueblos de Extremadura.

En esta historia, el novio José fue destinado como cartero en su regimiento. Cuando se licenció conservaba la gorra, motivo por el cual fue apodado "el Cartero". Esta ausencia de los novios toma un papel importante en varias canciones del acervo peleño, por ejemplo, en esta estrofa de la canción *¡Adiós Carnaval!*, destinada a la Romería del lunes de Pascuas:

¡Ya se van los quintos madre,

ya se llevan a mi Pepe,

ya no tengo quien me traiga

horquillas para el 'roete'.

Ya no son solo las madres

las que lloran por sus hijos,

que también lloran las mozas

porque se van al servicio!

Fuera como fuese, con los carnavales había que tener mucho cuidado porque eran la antítesis de castidad y recato de los ritos de bodas. Durante los días que comprendían todo era gula y lujuria, por lo que la Santa Madre Iglesia intentaba poner freno al libertinaje con unas canciones más serias como la canción de *Las Tablas de Moisés*, aunque también se cantaban los contrapuntos con el *Romance del entremés* o el *Dale con el E* y *La Sarabandilla*.

Todas estas canciones, como acervo peleño irreverente, se encuentra muy bien recogido por el Grupo peleño Medio Celemín, producto de las composiciones populares que se mofaban de los siervos de la iglesia, como *El cura ya no va a misa*. 

En Pela, "**el pedir a la novia**" tenía lugar unos <u>dos meses antes del casamiento</u>. Consistía en la visita de los padres del novio a la casa de la novia a solicitar, de los padres de esta, el consentimiento para celebrar la boda. Una vez obtenido, se trataban las cuestiones prácticas, todo lo relativo a la fecha de la ceremonia, los invitados y demás detalles importantes tales como la "dote" que cada uno iba a aportar al matrimonio o quiénes iban a ser los padrinos, etc.

Folklóricamente, según Bonifacio Gil, la pedida tendría su referencia en un acto en el que los convidados, padres, hermanos y demás familiares y amigos <u>visitaban a la novia</u>, la cual estaría sentada en el centro de la sala con los brazos cruzados y flanqueada por las amigas. A continuación, desfilarían ante ella todos y le irían depositando sus aportaciones monetarias en el halda. Después, se invitaba a vino y a un 'biñuelo' de miel y, una vez terminado el convite, se contaba el dinero en presencia de todos quedando depositado en la casa de la novia para que, junto a su consorte futuro, lo usasen (Bonifacio Gil, 2008:83).

Tras decidirse la fecha se avisaba al párroco para que empezara a "arreglar los papeles", y se fijaban los domingos o fiestas en las que se leería desde el altar mayor sus amonestaciones. En esta boda no se tuvo que pedir dispensa al obispado por ningún impedimento, por ejemplo, si hubiesen sido primos carnales (primos hermanos).

Las amonestaciones o proclamas eran leídas por el señor cura al finalizar la misa de cada uno de los tres domingos anteriores a la celebración del enlace. Se hacía público el casamiento por si había algún impedimento que hiciera nulo el matrimonio, obligación que tenían los feligreses de comunicarlo. En la puerta de la iglesia se colocaba un escrito donde quedaba constancia del enlace y de cada una de las amonestaciones.

En esas fechas se enviaban o entregaban en mano las invitaciones:

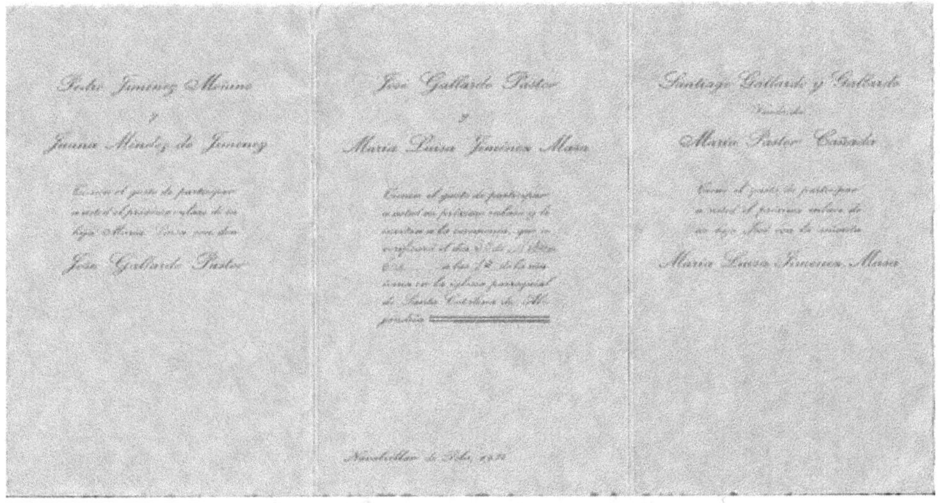

Invitación de boda:

Pedro Jiménez Moñino y Juana Méndez de Jiménez.
Tienen el gusto de participar a usted el próximo enlace de
su hija María Luisa con don José Gallardo Pastor.

José Gallardo Pastor y María Luisa Jiménez Masa. Tienen el
gusto de participar a usted su próximo enlace y la invitación a la
ceremonia, que se verificará el día 30 de Noviembre a las 10 de la

mañana en la iglesia parroquial de Santa Catalina de Alejandría.

Navalvillar de Pela, 1934.

Santiago Gallardo y Gallardo Viudo de María Pastor Cañada.
Tienen el gusto de participar a usted el próximo enlace de su
hijo José con la señorita María Luisa Jiménez Masa.

Se comenzaba a acondicionar la casa en la que se celebraría el banquete nupcial, por ejemplo, a encalar las paredes interiores y exteriores. A no ser que hubiese algún impedimento era la del novio. Comenzaban las mozas a preparar las coplas que iban a cantar. La música siempre era la misma, muy alegre, se usaban versos que se podían aplicar a todas las bodas, tan solo había que cambiar los nombres y adaptar un poquito las letras que tan bien se sabían de otras ocasiones.

La primera amonestación se la conocía como **"la de las manos"**, es el día de las mandas. Acabado el sermón o terminada la lectura del Evangelio, el párroco casi siempre decía esta fórmula:

"Sepan los presentes que, con el auxilio de la divina gracia, quieren contraer matrimonio, según lo manda la Santa Madre Iglesia y el Concilio de Trento lo dispone, de una parte, D... (Aquí iban los nombres y datos de los contrayentes). Por todo lo cual, si alguno conoce algún canónico impedimento de consanguinidad, afinidad o espiritual parentesco, por el cual este matrimonio no pudiera ser válido o lícitamente contraído, debe manifestarlo en conciencia cuanto antes. Esta es la 1ª amonestación". (Luego se cambiaba por la 2ª y por la 3ª cuando llegaba el domingo correspondiente).

Ese día los novios recibían los primeros regalos. Podían ser estos en especie, aunque también los recibían en dinero, muebles o menaje para el hogar.

Lo festivo de esta primera amonestación era el baile que los invitados preparan en casa de la novia, con acompañamiento musical de instrumentos caseros para hacer ritmo: almirez, botellas, cucharas, panderetas,  zambombas, castañuelas y quizás algún acordeón, laúd o bandurria, etc. El baile se completaba con un refresco a base de dulces caseros, vino "pitarrero" y licores del alambique familiar.

La segunda amonestación se la denominaba **"la de la enhorabuena"**. Los novios y los acompañantes se juntaban a comer en casa de la novia. Estos acompañantes, que solían ser un primo del novio y una prima de la novia, tenían como misión no dejar nunca solos a los novios.

El baile y el refresco en casa de la novia estaba restringido a los muy allegados.

Celebración de la despedida de soltera con las amigas.

El domingo anterior a la boda, los padres de los novios cada cuál por separado obsequiaban con un refresco a sus familiares y amigos. No faltaban referencias a vivir la vida *"carpe diem"* entre los amigos solteros, tal y como se recoge en la canción peleña: *El Pelindongo*.

¡Qué pena de El Pelindongo, el pobre se está muriendo!,
mientras estira la pata, nosotros vamos bailando...

Nuevamente, se hacía baile privado y refresco como una manifestación de alegría por el casamiento. Solía salirse en grupos a recorrer el pueblo cantando canciones populares y típicas de boda.

Días antes del acto religioso, varias mujeres de la familia del novio y de la novia, casi siempre juntas, iban por las casas de los vecinos invitándolos verbalmente de parte de los novios y de sus padres, con la fórmula más o menos de "Estáis invitados a misa y mesa", o bien "Estáis invitados a misa y refresco".

La familia de los novios, abuelos, padres y hermanos, junto con los demás acompañantes comían asaduras de los corderos o callos de ternera sacrificados el día anterior al convite. No faltaba el baile y las alusiones a bodas concertadas donde la novia era una convidada de piedra y de ahí la canción, que también se cantaba y que tan famosa hizo el grupo Nuevo Mester de Juglaría titulada *Me casó mi madre*.

Me casó mi madre, chiquita y bonita, con
unos amores que yo no quería...

O las insinuaciones sexuales en la significación plurivalente de algunos términos como pila, caballo, naranja, soldado, etc., sabiéndose la doble intención que conllevan términos como 'lavar la ropa'. Un magnífico ejemplo está recogido en las canciones del grupo Medio Celemín con los títulos de: *Romance de los montes de la morería*; *Romance de Teresina*, y el *Romance del rey moro*, etc.

Los esponsales eran la celebración de la boda y, para ella, los invitados iban adquiriendo las prendas que lucirían esa mañana, yendo primero a la casa del novio -si se iba invitado por parte del novio-. Después, la comitiva acompañaba al novio a la casa de la novia. Allí se juntaban todos los invitados para ir en procesión a la iglesia con el tañido de su campana.

Boda de la novia María Parralejo Gallardo con el novio Manuel Jiménez Méndez (12-12-1956). La madrina, Juana Gallardo Jiménez, era la sobrina del novio, pero también era prima hermana de la novia y del padrino hermano de la novia, Juan Antonio Parralejo Gallardo.

La costumbre en estas familias era que encabezase la comitiva la novia, María Luisa, del brazo del padrino (su padre, Pedro Jiménez Moñino), seguidamente el novio José que llevaba del brazo a la madrina y hermana Mª Isidra y, después, el resto de los invitados. En esta boda es de suponer que abriría la comitiva los niños portando las arras, Manuel y María, llevando también las monedas y los anillos que serían bendecidos por el señor cura.

Intercambio de anillos en la boda de la autora, el día 1 de septiembre de 1989, con Antonio Díaz Parralejo.

Cuando salían los novios de la iglesia se les daba en el mismo pórtico la "enhorabuena" y, de ahí, se iba a la casa de la novia para tomar el refresco a cuya puerta solía decir unas palabras el padrino, siendo este momento recogido en la *Jota de Bodas de Pela*, tal que así:

Qué contenta va la novia
porque sale de soltera,
más contento estará el novio

que se va a acostar con ella.

En el día de la boda, en el día de la boda,

en el día de la boda, los padres dicen:

hija ya tienes novio, hija ya tienes novio,

hija ya tienes novio, y la bendicen.

La madrina de la boda, hermana de José Gallardo Pastor, Mª Isidra.

Seguramente, se darían varios vivas a los novios, pues hay una coplilla que así lo recoge:

Vivan los recién casados y el cura que los casó, el

padrino, la madrina, los dos cirieros y yo.

Los cirieros eran cada uno de los dos mozos que en las bodas portaban un cirio encendido, acompañando a los novios a la salida de la iglesia hasta depositarlos en el nuevo hogar.

Se recuperaban fuerzas con el refresco y después se salía por el pueblo cantando canciones, a ser posible, acompañados de música para bailar. La comida se realizaba en la casa del novio. Solía ser una buena garbanzada con su sopa preceptiva y carne de cerdo, ternera y pollo y bien servida de tocino y chorizo de la matanza doméstica o casera. No faltaban los postres y dulces, aunque no se estilaba la tarta nupcial. Todo se regaba con vino de la casa "pitarrero" (elaborado por la familia, pues procedía de la propia viña), así como el aguardiente[7]. La comida terminaba recibiendo cada invitado un "biñuelo" para que se lo comiera ya en su casa[8].

Elaboración de los "biñuelos" con miel para la boda.

No era extraño que cuando ya se iba terminando la comida, llegase a la puerta algún grupo de amigos y vecinos a cantar, así que, antes del baile, se procedía a dar la última manzana. Esta manzana era una aportación monetaria que recibían los recién casados de sus familiares y que se iba anotando rigurosamente. Destacamos la siguiente estrofa de la *Jota de Bodas de Pela*:

En el baile de la boda, la manzana se ha bailado,

con las monedas de oro, para los novios casados.

Boda de Antonia Méndez Giménez.

Y es aquí, en el baile tras la ceremonia, donde tenía cabida el *Mayo peleño* como un <u>epitalamio de bodas que comenzaba pidiendo la oportuna licencia a la novia</u>:

Para dibujarte, divina princesa,

para dibujarte, te pido licencia.

Es de suponer que José se lo dedicara a María Luisa y que, seguidamente, comenzara el baile con la fórmula que ya sí que tenía que recitar el novio a la novia, como su esposa, y que decía así la coplilla[9]:

A tus plantas me arrodillo,

con mucho dolor y pena,

si quieres que me levante,

dame la mano morena.

Cuando ella se la daba, se iniciaba el baile de casados.

Juana Méndez Giménez, el día de su boda.

Es el día siguiente a la boda. Solo iban invitados al festejo de la tornaboda los íntimos de las dos familias. Con esto se daban por terminados los actos y festejos, estando representado en la misma *Jota de Bodas* cuando dice:

En el día de tornabodas,

al Pilar del agua vieja,

va la novia y moja el pie,

para tener descendencia.

Catalina Parralejo Parralejo con traje de
acompañamiento de bodas y jolgorios.

También, en la canción de *El Calderero,* se retrata la tornaboda jocosamente:

Al otro día de casados, (bomba va)

Al otro día de casados, a misa fue el animal... (...)

Al tomar agua bendita (bomba va)

al tomar agua bendita, la cara se fue a lavar... (...)

Al hincarse de rodillas, (bomba va)

al hincarse de rodillas, se le fue el punto de atrás... (...)

Por decir creo en Dios Padre, (bomba va)

por decir creo en Dios Padre, dijo creo en la 'ensalá'... (...)

Fin

REPRESENTACIÓN FOLKLÓRICA

PARA DIBUJARTE, DIVINA PRINCESA...

La novia María Parralejo Gallardo.

El trabajo de investigación **Boda y prendas de la novia peleña** fue realizado para la celebración de los 600 años del nacimiento de un pueblo, Navalvillar de Pela, pero, sobre todo, para evitar el olvido de su acervo de bodas, tal y como ocurre con otros textos líricos tradicionales que han perdido su riqueza folklórica al dejar de ser útiles o de realizarsse los rituales que los rodeaban. Así, en esta segunda parte, la autora recomienda: uno, darle vitalidad al *Mayo Peleño* uniéndolo a la *Jota de la Novia* en las romerías y fiestas y, dos, seguirse este repertorio folklórico para ser cantado y bailado con el detalle de las canciones que se han ido desglosando ya que, sin duda, fueron creadas para tal fin.

Corresponde a la necesidad de cada pueblo recuperar la expresión popular de los diversos motivos de festejos de la vida, en este caso, las prendas de la novia y las bodas que festejaban los peleños para gloria y honra de sus antepasados.

Porque un pueblo que olvida es un pueblo olvidado.

El cuerpo de baile, acompañado de los músicos y cantantes, hacen su entrada en el escenario y, tras colocarse estos separados los chicos de las chicas, el que va a hacer de novio, para interpretar los noviazgos que no eran bien vistos y cuyo resultado eran recibir las calabazas, lanza la garrota en el corro de chicas, como si fuese la casa de la pretendida, y con estas palabras:

El novio: —¡Porra dentro! ¿Casa o no casa?

En ese momento se escenifica la canción completa: *¡Vaya el novio a la alameda!* Con cada rechazo se repite el gesto hasta tres veces recogiendo la garrota, poniendo el broche final la siguiente estrofa:

El coro canta: —¡Vaya el tonto a la alameda!

Todos remarcan: —¡Vaya el tonto a la alameda!

Sale todo el cuerpo de baile para interpretar una sola estrofa de la canción *La Rondeña de Pela*, donde se hace hincapié en la estrofa que dice:

El coro canta: —"Porque te miro y me río, piensas que yo a ti te quiero, porque te miro y me río, y es gracia que Dios me ha 'dao', tonto y no lo has 'comprendío'.".

Algunas canciones hablaban de la ronda, unas más serias y otras con segundas o burlescas, encuadradas en el <u>género de bombas</u>, pueden provenir de la ¡bomba va! que se cantaba en el satírico *Un Calderero me ronda*, con estribillos líricos y romancísticos.

Tras bailar la estrofa de la *Rondeña de Pela*, el coro canta la estrofa siguiente mientras los bailarines, que han quedado en su posición, despejan el escenario colocándose a ambos lados:

El coro canta: "Un calderero me ronda, bomba va, un calderero me ronda, las tapias de mi corral… (…).".

Todos dicen la última estrofa: "¡Calderos que remendar!".

Salen tres bailarinas y se equidistan, el novio sale al encuentro de ellas. Una por una es cortejada por el molinero que viene de moler.

El coro canta: —El Molinero…(…).

Mientras el bailarín va cortejando a cada molinera según las tres estrofas, la tercera está en el centro y al terminar la canción se queda con ella lanzando la porra…

El novio dice: —¡Porra dentro! ¿Casa o no casa?

El coro dice: —¡Casa!

En este punto, el pretendiente pasa a ser novio y tiene derecho a cortejar, tras la postura del sol, a la novia, normalmente acompañado de amigos.

Se forma el baile de nuevo para terminar *La Rondeña de Pela*, en su estrofa que dice:

El coro canta: —"Rondeñas vienen cantando, con ellas viene mi amor, cada vez que oigo rondeñas, se me alegra el corazón.".

Terminan de bailar y el coro hace mención de que el novio entra en quinta –servicio militar obligatorio– cantando algunas estrofas del *!Adiós carnaval!*

El coro dice: —¡El novio entra en quinta! ¡Adiós Carnaval!

El coro canta: —"¡Ya se van los quintos madre, ya se llevan a mi Pepe, ya no tengo quien me traiga horquillas para el 'roete'. Ya no son solo las madres las que lloran por sus hijos, que también lloran las mozas porque se van al servicio!".

A la terminación de esta canción destinada a la Romería del lunes de Pascuas, los bailarines se van hacia un lado y las bailarinas hacia el contrario, para ir apareciendo en el centro del escenario la novia vestida ya con un mantón blanco y, queda colocada junto a las bailarinas; sus padres aparecen detrás y la siguen, quedan juntos; salen ahora el novio y tras él sus padres y quedan junto al cuerpo masculino de baile. Sale el señor cura y queda en el centro.

El coro dice: —¡Faltan dos meses para el casamiento!

Los padres del novio visitan la casa de la novia para solicitar a sus padres el consentimiento y celebrar la boda. Se establece la dote que cada uno aportará al matrimonio y quiénes serán los padrinos.

El novio y sus padres van hasta el lugar donde está la novia y sus padres, se entabla el siguiente diálogo:

Los padres de él preguntan: —¿Qué dote aporta la novia al matrimonio?

Los padres de ella: —¿Y cuánto trae el novio?

El coro pregunta: —¿Cuándo es la boda?

El cura responde: —De hoy en dos meses si no ha impedimento.

Los padres de ella: —¡Qué va a haber, padre!

El cura pregunta: —¿Son primos hermanos?

Los padres de él: —¡No, señor cura!

El cura dice: —Entonces, ¡no necesitan dispensa papal!

El novio: —¡Enviemos las invitaciones!

La novia: —Señor cura, ¡nos diga las amonestaciones!

El cura dice: —¡Primer domingo, primera amonestación!

El coro contesta: —¡La de las manos!

Es el día de las mandas. Acabado el sermón o terminada la lectura del Evangelio, el párroco casi siempre decía esta fórmula:

El cura dice: —"Sepan los presentes que, con el auxilio de la divina gracia, quieren contraer matrimonio, según lo manda la Santa Madre Iglesia y el Concilio de Trento lo dispone, de una parte, D… (*Aquí iban los nombres y datos de los contrayentes*). Por todo lo cual, si alguno conoce algún canónico impedimento de consanguinidad, afinidad o espiritual parentesco, por el cual este matrimonio no pudiera ser válido o lícitamente contraído, debe manifestarlo en conciencia cuanto antes. Esta es la 1.ª amonestación.".

Los novios se ponen juntos en el centro del escenario y reciben los primeros regalos, mientras, suena la música para el baile proveniente de: almirez, botellas, cucharas, panderetas, zambombas, castañuelas y quizás algún acordeón, laúd o bandurria…

El novio dice: —¡Qué comience el baile!

La novia dice: —¡Y el refresco!

En el escenario los bailarines bailan, ríen, comen y beben los dulces caseros, vino 'pitarrero' y licores del alambique familiar.

El coro canta: —La canción del *Romance del entremés*.

El cura dice: —¡Segundo domingo, segunda amonestación!

El coro contesta: ¡La de la enhorabuena!

El cura dice: —"Sepan los presentes que, con el auxilio de la divina gracia, quieren contraer matrimonio, según lo manda la Santa Madre Iglesia y el Concilio de Trento lo dispone, de una parte, D... (*Aquí iban los nombres y datos de los contrayentes*). Por todo lo cual, si alguno conoce algún canónico impedimento de consanguinidad, afinidad o espiritual parentesco, por el cual este matrimonio no pudiera ser válido o lícitamente contraído, debe manifestarlo en conciencia cuanto antes. Esta es la 2.ª amonestación.".

Los novios y sus acompañantes se van a la casa de la novia.

El coro dice: —¡A la casa de la novia van con los novios el primo de él y la prima de ella que no los han de dejar solos!

Este baile y el refresco en casa de la novia estaba restringido solo a los familiares allegados.

El coro dice: —¡Solo los convidados bailan y se refrescan!

El coro canta: —La canción del *Dale con el E*.

El cura dice: —"Sepan los presentes que, con el auxilio de la divina gracia, quieren contraer matrimonio, según lo manda la Santa Madre Iglesia y el Concilio de Trento lo dispone, de una parte, D... (*Aquí iban los nombres y datos de los contrayentes*). Por todo lo cual, si alguno conoce algún canónico impedimento de consanguinidad, afinidad o espiritual parentesco, por el cual este matrimonio no pudiera ser válido o lícitamente contraído, debe manifestarlo en conciencia cuanto antes. Esta es la 3.ª amonestación.".

Este domingo, anterior a la boda, los padres de los novio, cada cuál por separado, obsequiaban con un refresco a sus familiares y amigos. Los bailarines se dividen en dos grupos, uno para la novia con sus padres y otro para el novio con los suyos. El cura sigue en el centro.

El coro dice: —¡El baile es privado y el refresco familiar por separado!

Ahora, en el grupo de la novia, las chicas hacen corrillo preparando las coplillas para el día de la boda, mientras el novio y sus danzadores salen para interpretar la danza de *El Pelindongo*. Son los amigos solteros los que recorren el pueblo cantando y haciendo referencias al vivir la vida 'carpe diem', portan las parihuelas para bailar la danza al compás de la canción que canta el coro.

El coro canta: —La canción de *El Pelindongo*.

Terminada la danza, se recogen los varones del escenario mientras las bailarinas, de ambos grupos, se mezclan y se mueven por él acompañando a la novia, de un lado y a otro, como recorriendo las casas de los invitados...

Las bailarinas ríen felices mientra van invitando a la boda.

Las amigas: —¡Estáis invitados a misa y mesa! ¡Estáis invitados a misa y refresco!

El coro canta y todo es jolgorio y algarabía y, como el señor cura sigue en medio, el coro canta *La Sarabandilla.*

El coro canta: —La canción de *La Sarabandilla.*

Los esponsales es la celebración de la boda. El novio y sus invitados están a un lado del escenario, al otro la novia y los suyos. Cruza el novio y su cortejo hasta la novia según va sonando el tañido de la campana que llama a la iglesia.

El cortejo, ahora completo, marcha de la siguiente forma: primero los niños que llevan las arras, luego la novia y el padrino, detrás el novio y la madrina, luego el resto de los invitados, no faltan los personajes que, curiosos, acompañan al cortejo hasta la iglesia.

En el centro del escenario sigue estando el cura. Ante él se para el cortejo y el cura hace la bendición a los anillos y las monedas y se apartan los niños de arras.

El novio y la novia intercambian las monedas y se colocan los anillos, se dan el beso de rigor.

El coro dice: —¡Vivan los novios!

Cuando salen los novios de la iglesia, se les da en el mismo pórtico la "enhorabuena" y de ahí <u>se van a la casa de la novia</u> para tomar el refresco a cuya puerta solía decir unas palabras el padrino, siendo este momento recogido en la *Jota de Bodas de Pela*.

El coro dice: —¡Enhorabuena a los novios! ¡Enhorabuena, a las familias! ¡Al refresco a la casa de la novia estamos invitados!

El novio lleva del brazo a la novia seguido de todo el cortejo mientras el coro canta la *Jota de Bodas de Pela* y los bailarines se disponen a bailarla.

El coro dice: —¡Que hable el padrino!

El coro canta: —"¡Qué contenta va la novia, porque sale de soltera, más contento estará el novio, que se va a acostar con ella. En el día de la boda, en el día de la boda, en el día de la boda los padres dicen: hija, ya tienes novio, hija ya tienes novio, hija ya tienes novio y la bendicen!".

Los bailarines quedan en sus puestos:

El coro dice: —¡Al refresco!

El coro dice: —¡Vamos todos cantando a la casa del novio a comer la garbanzada de esta boda!

Los bailarines abandonan la danza yendo todos a un lado del escenario como si fuese la casa del novio. La familia de los novios, abuelos, padres y hermanos, junto con los demás acompañantes comían asaduras de los corderos o callos de ternera sacrificados en una buena garbanzada con su sopa preceptiva. No faltaban los postres y dulces, aunque no se estilaba la tarta nupcial. Todo se regaba con vino de la casa 'pitarrero'.

El coro dice: —¡A la buena garbanzada que después habrá baile!

La novia dice: —¡Antes del baile, su *Mayo* quiere esta novia!

En el centro del escenario las amigas rodean a la novia para escuchar el *Mayo*, como un epitalamio de bodas que comienza pidiendo la licencia oportuna:

El coro canta: —El *Mayo Peleño*: "Para dibujarte divina princesa, para dibujarte te pido licencia... (...).".

El novio dice: —¡Haya baile!

La novia dice: —¡Antes del baile la dedicatoria del novio quiere esta novia!

El novio es empujado por los amigos que va dando traspiés hasta la novia para dedicarle la fórmula de la coplilla y, así, comenzar el baile ya como esposa, con una rodilla hincada en el suelo ante la novia:

El novio dice: —A tus plantas me arrodillo, con mucho dolor y pena, si quieres que me levante, dame la mano morena.

La novia le da la mano y se inicia el baile. Los bailarines se disponen a bailar el resto de la *Jota de Bodas de Pela* ocupando el escenario:

El coro canta: —"¡En el baile de la boda, la manzana se ha bailado, con las monedas de oro, para los novios casados. Esta noche a la novia, esta noche a la novia, esta noche a la novia le toca decir: ¡acuéstate primero!, ¡acuestáte primero!, ¡acuéstate primero y apaga el candil!".

Se detiene el baile y la novia se sienta en una silla en un lado del escenario con los brazos cruzados y flanqueada por las amigas, el resto de los bailarines van aportando el dinero colocándoselo en sus haldas. Al que da la manzana al final del baile se le entrega un 'biñuelo' de miel para que se lo lleve a su casa.

Es el día siguiente a la boda, solo iban invitados al festejo de la tornaboda los íntimos de las dos familias. Con esto se daban por terminados los actos y festejos de la boda.

En el escenario los bailarines están parados mientras la novia se levanta del sillón y se quita un zapato ayudada por su esposo… Los bailarines vuelven a bailar y la música retoma la *Jota de Bodas*:

El coro canta: —"En el día de tornabodas, al Pilar del agua vieja, va la novia y moja el pie, para tener descendencia. ¡Esta noche a la novia, esta noche a la novia, esta noche a la novia le pone el novio, el anillo en el dedo, el anillo en el dedo, el anillo en el dedo de matrimonio!".

Los novios se retiran a un lado del escenario mientras jocosamente los bailarines hacen burlas. El coro canta la estrofa final de la tornaboda de *Un Calderero me ronda*:

El coro canta: —"Al otro día de casados, a misa fue el animal. Al tomar agua bendita, la cara se fue a lavar. Al hincarse de rodillas, se le fue el punto de atrás. Por decir creo en Dios Padre, dijo creo en la 'ensalá'.".

Todos dicen: "¡Que le den a usted, que le van a dar!".

Fin

V AYA EL NOVIO A LA ALAMEDA

(RECOGIDO DE MANUEL JIMÉNEZ MÉNDEZ. CANCIÓN ARROMANZADA PROFANA DE RONDA)

Madre yo me quiero ir, madre yo me quiero ir, un ratito a la alameda.

> *Estribillo: ¡Qué saltar por aquí, qué saltar*
> *por allí! Un ratito a la alameda.*

Hijo no vayas a ir, hijo no vayas a ir, que esas rondas no son buenas. *(Estribillo)* ...que esas rondas no son buenas.

Me encontré con tres hermanas, me encontré con tres hermanas, más bonitas que yo viera. *(Estribillo)* ...más bonitas que yo viera.

Yo las convidé a garbanzos, yo las convidé a garbanzos, y ellas no eran garbanceras. *(Estribillo)* ...y ellas no eran garbanceras.

Yo las convidé a turrón, yo las convidé a turrón y eso sí les gusta a ellas. *(Estribillo)* ...y eso sí les gusta a ellas.

La mayor pidió una libra, la mayor pidió una libra, la del medio libra y media. *(Estribillo)* ...la del medio libra y media.

Y la más 'chiquerretilla', y la más 'chiquerretilla' me pidió que la siguiera. *(Estribillo)* ...me pidió que la siguiera.

Yo la seguía los pasos, yo la seguía los pasos, por calles y callejuelas. *(Estribillo)* ...por calles y callejuelas.

Ella se metió en su casa, ella se metió en su casa, y por debajo de la puerta. *(Estribillo)* ...y por debajo de la puerta.

Me dio un papel que decía, me dio un papel que decía, ¡vaya el tonto a la alameda! *(Estribillo)* ...¡vaya el tonto a la alameda!

P USO EL DOCTOR LA MANO A LA MICAELA

(ANÓNIMO EN PELA. CANCIÓN PROFANA DE RONDA. ZAMBOMBA)

Puso el doctor, la mano en la frente, salta la Micaela, este tío va caliente.

Estribillo: Troncho "retroncho", azúcar y canela,

no hay quien le meta mano, a la tía Micaela.

Puso el doctor, la mano en el pecho, salta la Micaela, este tío va derecho. *(Estribillo)*

Puso el doctor, la mano en el ombligo, salta la Micaela, más abajo tengo el higo. *(Estribillo)*

Puso el doctor, la mano en la rodilla, salta la Micaela, por ahí tengo cosquillas. *(Estribillo)*

Puso el doctor, la mano en la ingle, salta la Micaela, por ahí corre la pringue. *(Estribillo)*

Puso el doctor, la mano en el coño, salta la Micaela, por ahí entró pinocho. *(Estribillo)*.

UN CALDERERO ME RONDA

(RECOGIDO DE MARÍA PARRALEJO GALLARDO. CANCIÓN PROFANA DE RONDA)

Un calderero me ronda, ¡bomba va!, un calderero me ronda, las tapias de mi corral.

> *Estribillo: ¡Que le den a usted, que le van a*
> *dar. Las tapias de mi corral.*

Pobrecito el calderero, ¡bomba va!, pobrecito el calderero, tiene un ojo de cristal. *(Estribillo)*

Que lo tenga o no lo tenga, ¡bomba va!, que lo tenga o no lo tenga, yo con él me he de casar. *(Estribillo)*

La noche antes de casado, ¡bomba va!, la noche antes de casado, le pusieron de cenar. *(Estribillo)*

Una poca "ensalá" verde, ¡bomba va!, una poca 'ensalá' verde, menudita y mucha sal. *(Estribillo)*

Al otro día de casados, ¡bomba va!, al otro día de casados, a misa fue el animal. *(Estribillo)*

Al tomar agua bendita, ¡bomba va!, al tomar agua bendita, la cara se fue a lavar. *(Estribillo)*

Al hincarse de rodillas, ¡bomba va!, al hincarse de rodillas, se le fue el punto de atrás. *(Estribillo)*

Por decir creo en Dios Padre, ¡bomba va!, por decir creo en Dios Padre, dijo creo en la 'ensalá'. *(Estribillo)*

Andaba por los altares, ¡bomba va!, andaba por los altares: ¡Calderos que remendar! *(Estribillo)*

Como si los santos fueran, ¡bomba va!, como si los santos fueran, personas de aquel lugar. *(Estribillo)*

RONDEÑAS VIENEN CANTANDO

(RECOGIDO DEL GRUPO DE COROS Y DANZAS "EL PELINDONGO". CON ARREGLOS DE LAS HERMANAS BAVIANO, MARÍA PETRA Y MANOLA. CANCIÓN PROFANA DE RONDA)

Rondeñas vienen cantando, rondeñas vienen cantado, con ellas viene mi amor. Cada vez que oigo rondeñas, se me alegra el corazón. Rondeñas vienen cantando.

Porque te miro y me río, piensas que yo a ti te quiero, porque te miro y me río, y es gracia que Dios me ha 'dao', tonto y no lo has 'comprendío', y es gracia que Dios me ha 'dao', tonto y no lo has 'comprendio'.

EL MOLINERO

(RECOGIDO DEL GRUPO DE COROS Y DANZAS "EL CALDERERO". CANCIÓN PROFANA DE RONDA)

Vengo de moler morena de los molinos de arriba, cortejo a la molinera y olé y olé, no me cobra la maquila, que vengo de moler morena.

Corteja a la molinera, olé, olé, no le cobra la maquila, que vengo de moler morena.

Que vengo de moler morena.

Vengo de moler morena de los molinos de abajo, cortejo a la molinera y olé y olé, no me cobra su trabajo, que vengo de moler morena.

Corteja a la molinera, olé, olé, no le cobra su trabajo.

Que vengo de moler morena.

Vengo de moler morena, de los molinos de en medio, cortejo a la molinera y olé y olé, yo he de ser el molinero, que vengo de moler morena.

Corteja a la molinera, olé, olé, él va a ser el molinero.

Que vengo de moler morena.

Vengo contigo al molino para ser tu molinero, échale trigo a la tolva, olé, olé, yo lo traigo del granero, que vengo de moler morena.

Échale trigo a la tolva, olé, olé, él se lo trae del granero.

Que vengo de moler morena.

¡ADIÓS CARNAVAL!

(RECOGIDO DE MARÍA PARRALEJO GALLARDO. CANCIÓN PROFANA DE JOTAS)

*Estribillo: ¡Adiós carnaval, adiós si te vas, que
si tú te has ido, las Pascuas vendrán!*

Adiós carnaval hermoso, la feria de las mujeres, la que no se haya 'echao' novio, que espere al año que viene.

Ya no son solo las madres, las que lloran por sus hijos, que también lloran las mozas, porque se van al servicio. *(Estribillo)*

Ayer domingo de Pascuas, hoy venimos de correrla, del puente de Cubilar, de comernos la merienda. *(Estribillo)*

(Incorporación recogida por canto popular en fechas más cercanas):

Estos burros que traemos, son un poco sinvergüenzas,

se apartan de los caminos, porque no quieren correrla.

¡Tirones 'p'allá', tirones 'p'aquí',

la puta la burra, no quiere salir!

¡Tirones 'p'aquí', tirones 'p'allá',

la puta la burra, no quiere pasar! [10]

L AS TABLAS DE MOISÉS

(RECOGIDO DE MARÍA PARRALEJO GALLARDO. CANCIÓN ZAMBOMBA)

¡Ay de mí, que quise a un uno! *Unusé*, Cristo *filiuné*.

¡Ay de mí, que quise a un dos! Las dos tablas de Moisés,

Unusé, Cristo *filiuné*.

¡Ay de mí, que quise a un tres! Tres *patriarqué*, las dos tablas de

Moisés, *Unusé*, Cristo *filiuné*.

¡Ay de mí que quise a un cuatro! Cuatro evangelistas, tres, tres

patriarqué, las dos tabas de Moisés, *Unusé*, Cristo *filiuné*.

¡Ay de mí, que quise a un cinco! Cinco quínqueles de

abril, cuatro evangelistas, tres, tres patriarqué,...,*Unusé*, Cristo

filiuné.

¡Ay de mí, que quise a un seis! Seis de su perfecta ley, cinco

quínqueles de abril, cuatro evangelistas,...,*Unusé*, Cristo *filiuné*.

¡Ay de mí, que quise a un siete! Siete ingratitud de Inés, seis

de su perfecta ley, cinco *quínqueles* de abril,..., *Unusé*, Cristo *filiuné.*

¡Ay de mí, que quise a un ocho! Ocho coros *candeloros*, siete ingratitud de Inés, seis de su perfecta ley,..., *Unusé*, Cristo *filiuné.*

¡Ay de mí, que quise a un nueve! Nueve rosas muy hermosas, ocho coros *candeloros*, siete ingratitud de Inés,..., *Unusé*, Cristo *filiuné.*

¡Ay de mí, que quise a un diez! Diez claves escogidos, nueve rosas muy hermosas, ocho coros *candeloros*,..., *Unusé*, Cristo *filiuné.*

¡Ay de mí, que quise a un once! La saeta de Cupido, diez claves escogidos, nueve rosas muy hermosas, ..., *Unusé*, Cristo *filiuné.*

¡Ay de mí, que quise a un doce! La palabra de María, la saeta de Cupido, diez claves escogidos, nueve rosas muy hermosas, ocho coros *candeloros*, siete ingratitud de Inés, seis de su perfecta ley, cinco *quínqueles* de abril, cuatro evangelistas, tres, tres *patriarqué*, las dos tablas de Moisés, *Unusé*, Cristo *filiuné.*

ROMANCE DEL ENTREMÉS

(RECOGIDO DE MARÍA PARRALEJO GALLARDO. CANCIÓN PROFANA. ROMANCE)

Siéntate si vas despacio, siéntate si vas despacio te contaré el entremés, te contaré el entremés.

Lo que le pasó a un tahonero, lo que le pasó a un tahonero en casa con su mujer, en casa con su mujer.

Ha venido un fray fulano, ha venido un fray fulano, le quiso pisar el pie, le quiso pisar el pie.

–Déjame que te lo pise, déjame que te lo pise, te daré bien de comer, te daré bien de comer.

Un pollito enguarnecido, un pollito enguarnecido con mucha azúcar y miel, con mucha azúcar y miel.

Estando en estas palabras, estando en estas palabras a la puerta llegó Andrés, a la puerta llego Andrés.

–Señor cura, mi marido, señor cura mi marido ¿dónde le meto yo a usted?, ¿dónde le meto yo a usted?

–Méteme en ese costal, méteme en ese costal y arrímame a la pared, y arrimamé a la pared.

Como fanega de trigo, como fanega de trigo que ha caído de moler, que ha caído de moler.

–¿Qué hay en ese costal?, qué hay en ese costal que mis ojos quieren ver, que mis ojos quieren ver.

–Una fanega de trigo, una fanega de trigo que ha caído de moler, que ha caído de moler.

Desató Andrés el costal, desató Andrés el costal y lo primero que se ve, y lo primero que se ve.

La coronilla de un cura, la coronilla de un cura y un sombrero calañés, y un sombrero calañés.

–¡Buenos días, señor cura, buenos días señor cura!

–¡Buenos días tenga, Andrés, buenos días tenga, Andrés!

–Que tengo la mula coja, que tengo la mula coja y ha caído de moler, y ha caído de moler.

Le engancharon a la una, le engancharon a la una, le soltaron a las tres, le soltaron a las tres.

Y molió cahíz y medio, y molió cahíz y medio, y una fanega después, y una fanega después.

A la otra mañana temprano, a la otra mañana temprano a misa fue la Isabel, a misa fue la Isabel.

Y al revolver una esquina, y al revolver una esquina se encontró con fray Manuel, se encontró con fray Manuel.

–¡Buenos días, padre cura, buenos días padre cura!

–¡Buenos los tenga, Isabel, buenos los tenga Isabel!

–Vaya usted luego a mi casa, vaya usted luego a mi casa que ha caído de moler, que ha caído de moler.

–¡Aunque yo cien años viva, aunque yo cien años viva no me engaña otra Isabel, no me engaña otra Isabel!

DALE CON EL E

(GRUPO MEDIO CELEMÍN. CANCIÓN PROFANA. ROMANCE)

Aunque me veas con el cura en la puerta, es que me enseña la Santa Madre Iglesia. Dale con el E.

Estribillo: Dale con el E, con el E, con el ala, dale con el E, con el E que no se vaya, dale con el E.

Aunque me veas con el cura en el coro, es que me enseña la prenda te adoro. Dale con el E. *(Estribillo)*

Aunque me veas con el cura en la sacristía, es que me enseña las tres avemarías. Dale con el E. *(Estribillo)*

Aunque me veas con el cura de paseo, es que me enseña el Dios te salve y el Credo. Dale con el E. *(Estribillo)*

Aunque me veas con el cura en la cama, es que me enseña la doctrina cristiana. Dale con el E. *(Estribillo)*

LA SARABANDILLA

(RECOGIDO DE MARÍA PARRALEJO GALLARDO. CANCIÓN PROFANA DE RONDA)

Esto eran tres hermanitas, la Sarabandilla, que se iban a costar.

Estribillo: ¡Sarabindilla, dilla, Sarabandilla, andá!

La grande dice a la chica, la Sarabandilla, gente suena en el corral. *(Estribillo)*

La grande coge un garrote, la Sarabandilla, la del medio un puñal. *(Estribillo)*

Y la más chiquirritilla, la Sarabandilla, el candil para alumbrar. *(Estribillo)*

Buscan por 'to' los rincones, la Sarabandilla, y no encontraron 'na'. *(Estribillo)*

Detrás de aquel horno viejo, la Sarabandilla, encuentran al sacristán. *(Estribillo)*

La grande da garrotazos, la Sarabandilla, la del medio 'puñalás'. *(Estribillo)*

Le agarraron por las patas, la Sarabandilla, le tiran a otro corral. *(Estribillo)*

Al otro día temprano, la Sarabandilla, doblan por el sacristán. *(Estribillo)*

La grande se pone de luto, la Sarabandilla, la del medio mucho más. *(Estribillo)*

Y la más chiquirritilla, la Sarabandilla, baila por el sacristán. *(Estribillo)*

EL PELINDONGO SE HA MUERTO

(GRUPO DE COROS Y DANZAS "EL PELINDONGO". CANCIÓN PROFANA DE RONDA)

¡Qué pena del Pelindongo, el pobre se está acabando!, mientras estira la pata, nosotros vamos bailando.

Estribillo: ¡Baila el Pelindongo, mi sol y mi luna,

baila el Pelindongo, mejor que ninguna.

Baila el Pelindongo, mi luna y mi sol,

baila el Pelindongo, mejor que no yo!

Madre, yo estoy muy malito, madre me voy a morir, deja entrar a mis amigos, que se despidan de mí. *(Estribillo)*

El Pelindongo se ha muerto, no es por falta de alimento, que en la cabecera lleva, una ristra de pimientos. *(Estribillo)*

El Pelindongo se ha muerto, ya lo llevan a enterrar, entre cuatro monaguillos, el cura y el sacristán. *(Estribillo)*

M E CASÓ MI MADRE

(GRUPO NUEVO MESTER DE JUGLARÍA. CANCIÓN PROFANA DE BODAS)

Me casó mi madre, chiquita y bonita, con unos amores que yo no quería.

La noche de bodas, entraba y salía, me fui tras de él, por ver dónde iba.

Y veo que entra en 'ca' la querida, y le oigo decir: ¡Abre vida mía!, que vengo de comprarte sayas y mantillas, y a la otra mujer, palo y mala vida.

Me fui a mi casa, triste y afligida. Me puse a coser, coser no podía, me asomé al balcón por ver si venía.

Venía diciendo: ¡Ábreme María!, que vengo cansado de ganar la vida. Tú vienes, traidor, de ver a tu querida.

JOTA DE BODAS

(RECOGIDA DEL GRUPO DE COROS Y DANZAS "EL CALDERERO". CANCIÓN PROFANA DE JOTAS)

¡Qué contenta va la novia porque sale de soltera!

¡Más contento estará el novio que se va a acostar con ella!

*En el día de la boda, en el día de la boda, en el día de
la boda los padres dicen: hija ya tienes hombre, hija ya
tienes hombre, hija ya tienes hombre y la bendicen.*

En el baile de la boda la manzana se ha bailado, con las
monedas de oro para los novios casados.

*Esta noche a la novia , esta noche a la novia, esta noche
a la novia le toca decir: ¡acuéstate primero!, ¡acuéstate
primero!, ¡acuéstate primero y apaga el candil!*

En el día de tornabodas al Pilar del agua vieja, va la novia y
moja el pie para tener descendencia.

*Esta noche a la novia, esta noche a la novia, esta noche
a la novia le pone el novio, el anillo en el dedo, el anillo
en el dedo, el anillo en el dedo de matrimonio.*

MAYO PELEÑO

(RECOGIDO POR CARIDAD JIMÉNEZ PARRALEJO DE LA FAMILIA CANO PARRALEJO. CANCIÓN PROFANA DE MAYOS. (RETRATO)

Para dibujarte, divina princesa, para dibujarte, te pido licencia,
para dibujarte, te pido licencia:

Niña, tu cabeza que es tan redondita

que de ella se saca una naranjita.

Niña, tus caballos que parecen de oro,

que cuando los peino me ponen *birlongo*.

Ay, niña, tu frente, que es un campo guerra

donde el rey Cupido puso su bandera.

Ay, niña, tus cejas, que son arqueadas,

arcos son del cielo, el cielo es tu cara.

Niña, tus pestañas, que son alfileres,

que cuando me miras, clavármelos quieres.

Ay, niña, tus ojos, que son dos luceros,

que van alumbrando todo el mundo entero.

Niña, tus narices, que son dos cañones,

que van apuntando (a) 'toas' las naciones.

Ay, niña, tus labios son dos picaportes

que cuando tú hablas se oyen los golpes.

(Ay) Niña, tu boca, que es un cuartelito,

los dientes menudos son los soldaditos.

Niña, tu barbilla, que es una pilita

donde yo lavaba toda mi ropita.

Niña, tus orejas no tienen pendientes

porque las adornan tu cara y tu frente.

Niña, tu garganta tan pura y tan bella

que todos los hombres se enamoran de ella.

Ay, niña, tus pechos, que son dos manzanas,

quién comiera de ellos fruta tan temprana.

Niña, tus brazos son dos fuertes remos

donde yo me embarco y no me mareo.

Ay, niña, tu ombligo, que es un botón de oro

donde el rey Cupido puso su tesoro.

Y niña, tu vientre, que es una arboleda

que a los nueve meses sale fruto de ella.

Lo de más abajo son cosas ocultas

que no las diremos, si no las preguntan.

Lo demás abajo es un pilarcito

donde yo doy agua a mi caballito.

Ay, niña, tus muslos, que son dos columnas

donde se sostiene toda tu hermosura.

Ya estás dibujada, divina princesa,

ya estás dibujada de pies a cabeza,

ya estás dibujada de pies a cabeza.

Recogido en
Navalvillar de Pela

Transcripción:
Carmen Colomo

Mayo peleño

NOTAS

[1] Puede ser consultado en el Fondo Música Tradicional del Instituto Milá i Fontanais de Barcelona de musicología perteneciente al CSIC –Consejo Superior de Investigaciones Científicas– http://www.funjdiaz.net/folklore/07ficha.php?id=2030.

[2] En palabras del profesor Luis Arroyo de Navalvillar de Pela (Diario *Hoy*). El repertorio que recoge su disco folklórico de Navalvillar de Pela: y por este motivo incorporan en su repertorio canciones peleñas como: *La novia, Romance de los montes de la morería, Romance del entremés, Dale con el e, La Sarabandilla, Romance de Teresina, Jota de Pela, Las tablas de Moisés, La Encamisá, Romance del rey moro, ¡Adiós, carnaval!, Jota de la Siberia, El cura ya no va a misa, Romance del arriero, El Pelindongo* y *¡A la flor del romero!*

[3] Un reconocimiento a su directora, doña Trinidad Galán y, en este tema de la enseñanza de los bailes regionales, a las profesoras doña Mari Trini en 4º. curso de EGB y a doña Trinuca en el curso siguiente y, por supuesto, a doña Nicolasa –Nico- que en el patio de su casa nos enseñaba con su infinita paciencia para las semanas Culturales en el Colegio.

[4] El estudio fue realizado por los doctores don Rafael Beltrán y don Jaime Covarsí, vía email, con el agradecimiento de la autora por la información que descarta el Mayo peleño como un epitalamio sefardí.

[5] *Epitalamio* es una composición lírica escrita en honor de una boda.

[6] La primera novia que viste de blanco fue la reina Victoria de Inglaterra con su primo Alberto en 1840, y las fotos que se distribuyen hacen que María Cristina se case de blanco con Alfonso XII en 1879. Sin embargo, la abuela de la autora, Juana Méndez Giménez, se casa de negro en la primavera de 1922, por lo que en esta familia no es hasta bien entrado el siglo XX que las novias se casarán de blanco.

[7] Se colocaba en el cuerpo del alambique tapando la base con paja y encima el anís estrellado, higos secos y la "casca" de la uva y se cubre con agua. Se tapa y se pone al fuego destilándose (Receta de Manuel Jiménez Méndez).

[8] Es posible que este rito haya dado lugar al buñuelo y campanillo actual de los días que van desde los Reyes Magos al anterior a la Encamisá –Fiesta de Interés Turístico Regional de Navalvillar de Pela- el 16 de enero.

[9] Está recogida por Gil, B. (2008): "Canciones y romances recogidos en septiembre del año 1948 en Navalvillar de Pela (Badajoz)", *Saber Popular*, Revista Extremeña de Folklore, nº. 26, Badajoz.

[10] Referencia a pasar el cauce del río Cubilar.

Las fotografías pertenecen al legado de la autora, Caridad Jiménez Parralejo.

Francisco Javier y Susana, el día de su boda el 22-08-2020

Las partituras musicales han sido realizadas por la profesora de la Facultad de Educación de la Universidad de Extremadura, Dra. doña Carmen Colomo.

Beltrán Llavador, Rafael: "En torno a la canción de boda judeo-española "Dize la nuestra novia": popularización y encuadres dramáticos para la descripción de la doncella", Actas del Congreso Intenacional "Lyra minima oral III", Sevilla, 26-28 de noviembre de 2001, pp. 347-372.

Díaz-Mas, P.: El Mayo, rito y canción en Castilla-La Mancha,1983, consultado en http://digital.csic.es/ bitstream/10261/20316/1/diazmas1983mayo.pdf

Gil, Bonifacio (2008): "Canciones y romances recogidos en septiembre del año 1948 en Navalvillar de Pela (Badajoz)", Saber Popular, nº. 26, Badajoz.

Gil, Bonifacio: Cancionero (puede ser consultado en el Fondo Música Tradicional del Instituto Milá i Fontanais de Barcelona de musicología perteneciente al CSIC –Consejo Superior de Investigaciones Científicas–http://www.funjdiaz.net/ folklore/07ficha.php?id=2030).

Gutiérrez, Ángeles; y Colomo, Carmen: Pomporita (disco), Fonoteca de la Biblioteca Virtual Extremeña,musicaextremenas.blogspot.com.es en https://soundcloud.com/bibliotecavirtual8/sets/ pomporita-20-canciones-extremenas-para-cantar-tocar-y-bailar.

Jiménez García, Mª. Ángeles: "El 'mayo a las damas' de Villanueva de los Infantes y su relación con el Quijote", en su blog, http://libertaddepensamiento232.blogspot.com/2012/04/el-mayo-las-damas-de-villanueva-de-los.html.

EPÍLOGO

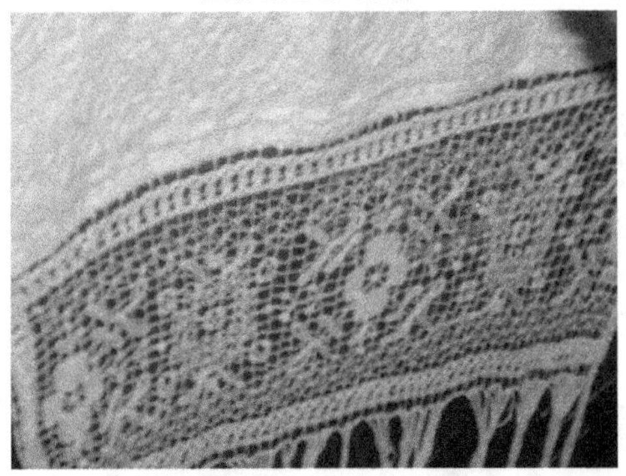

Toalla para el ajuar de la novia peleña, propiedad
de Inés Parralejo Parralejo

Cuando las mujeres de Navalvillar de Pela pasaban su juventud bordando los ajuares para mostrarlos con regocijo en su boda, nada parecía indicar que llegaría un día en el que todo se compraría realizado en telares automáticos y máquinas de coser, de bordar, de tejer, etc., porque la revolución industrial liberó a la mujer de muchas fatigas, pero también del gozo y la satisfación de crear y reproducir el arte tradicional amanuense.

Nada más puedo añadir a lo escrito en este libro, solo tener el afán de pensar en ser leída con avidez dentro de cien años y, la pretensión, de que se siga bailando y cantando a nuestro modo y manera, pues será la señal de que habremos conseguido recuperar este acervo folklórico peleño del totum revolutum de la globalización.

¿De dónde eres?

De Pela, de pelaero.

¿Sabes bailar?

¡Sepo, que sepo!

ACERCA DEL AUTOR

Caridad Jiménez Parralejo...

Es una poeta, escritora, bloguera y activista de la cultura extremeña, natural de Navalvillar de Pela (Badajoz). Reside desde 1984 en Badajoz capital donde se Diplomó en Biblioteconomía y Documentación, se Licenció en Documentación, realizó el Máster en Márketing y Comunicación obteniendo la Suficiencia Investigadora y consiguió su Certificación de Aptitud Pedagógica (CAP) por la Universidad de Extremadura (UEx), de la que es Funcionaria desde 1991.

Pertenece a las asociaciones extremeñas de Escritores (AEEX) de la que ha colaborado como Secretaria y actualmente de Tesorera; de Gestores Culturales (AGCEX) y a la Real Sociedad Económica Extremeña de Amigos del País (RSEEAP) de Badajoz; del Ateneo de Badajoz. Además es miembro de CEDRO.

Su inquietud la ha llevado a desarrollar, con la ayuda de las tecnologías, habilidades literarias publicando su blog personal llamado "Un Jardín para MariCari"(en https://

caridad65.blogspot.com/) y, como miembro poeta de la Asociación MIGAS (2011–2014) ha participado, en grupo y en solitario, dentro de su colección Momentos Literarios en Los Poetas del Jueves. Ha colaborado en los Jurados de los Certámenes literarios anuales de Navalvillar de Pela, de Villanueva del Fresno y de Santa Amalia. Participado en las Jornadas de Fomento a la Lectura de la Junta de Extremadura y en la Campaña "Un libro es un amigo" (Plan Fomento a la lectura) de la Diputación de Badajoz con la Fundación Germán Sánchez Ruipérez. Creadora de Café de Autor junto a la Fundación CB a la que ha gestionado su exposición artística y literaria: Photopoesía.

Ha recibido algunos premios de poesía como el Nacional de Poesía del Excmo. Ayuntamiento de Santa Amalia en 2014; Finalista en el XIII Concurso de Relato breve "José Luis Gallego" de la AA.VV. Alcobendas (Madrid). Primer premio en el Primer certamen de poesía de la Sociedad Casino de Badajoz en 2018.

Ha participado como tertuliana cultural de los jueves en Onda Cero Badajoz, estando su poesía incluida en numerosas antologías entre las que cabe destacar: Artistas por Haití; Revista Norbania; Justicia Social en el Mundo (Ed. CEXECI); Imágenes para una voz (Ayuntamiento de El Manzano, Salamanca); Encuentro de Poetas Andaluces de ahora; Encuentro de Poetas en Red; IV Recital Sierra Morena Poesía; La senda urbana; Nos queda la palabra (Ayuntamiento de Montánchez y Diputación de Cáceres); Ghandaras (Legado Sofía Gandarias y Diputación de Badajoz); Florilegio erótico (Fundación CB); Basta. Voces contra el maltrato por violencia de género (Diputación de Badajoz); Banco de Badajoz ([R] de Rarezas); Reflexiones de un Autor (Ámbito Cultural Badajoz. V Aniversario 2014-2019. El Corte Inglés). En el 2020, en Letras para crecer de la ONG Extremayuda y en el libro Homenaje a Manuel Pacheco de la Fundación CB. Antología AFAL y proyecto compañía. En 2021 ha sido publicado su trabajo de investigación de "Boda y prendas de la novia peleña" en el número 40 de la Revista Saber Popular de la Federación de Folklore Extremeño, estando desarrollada la parte de su representación folklórica solo en la presenta obra.

Como Gestora Cultural colabora en diversas ferias del libro de los Ayuntamientos de Trujillo, Santa Marta de Magasca, Villanueva del Fresno, etc.

Es autora de los libros:
Nihilismo en primera persona –Antología del desencuentro–. (Ed. TAU Editores, 2015). Reeditado en Amazon, 2019. Poesía.

PoeShibari o la Atadura de la Fotosombra. Ed. venal Fundación CB, 2016. Poesía.

Daños y Prejuicios –Antología de una culpa–. (Ed. TAU Editores, 2017). Reeditado en Amazon, 2019. Poesía.

Juana en treinta cartas y un telegrama. (Ed. Sial Pigmalión, 2018). Reeditado en Amazon, 2019. Novela.

Las manías de mi madre y sus bichitos –Semblanzas de mi memoria chica–. Editado en Amazon, 2019. Relatos.

Leonor. Editado en Amazon, 2020. (2ª ed., 2021). Novela.

Siega Verde -para un mundo decepcionante-. Ed. Letras Cascabeleras, 2021. Poesía.

AGRADECIMIENTOS

Este libro no habría sido posible sin las fotografías que mi abuela Juana Méndez Jiménez tuvo a bien dejarme en herencia, ya que el texto que las acompaña carece de valor poético aunque son alegres murmuraciones al calor de la vieja llama, pues no debí poner la oreja como lo hizo Virgilio. Así pues, encomiendo la suerte que pueda correr esta investigación y su representación folklórica a las manos de santa Cecilia, patrona de la poesía y de la música, estando bien representada su gracia con las partituras musicales realizadas por la doctora y profesora Carmen Colomo y con la bella letra atesorada por mi prima Pilar Cano Corvillo, sin cuya generosidad la recuperación del *Mayo Peleño* habría sido imposible.

www.ingramcontent.com/pod-product-compliance
Lightning Source LLC
Chambersburg PA
CBHW050036260726
48658CB00005B/1629